www.tredition.de

Clara Weide

Liebe und Leid

Gedanken einer 14-jährigen

www.tredition.de

© 2017 Clara Weide

Verlag: tredition GmbH, Hamburg

ISBN
Paperback: 978-3-7439-6918-6

Printed in Germany

Clara Weide

Liebe und Leid

Gedanken einer 14-jährigen

Inhaltsverzeichnis

Einleitung

Wie kam es zu diesem Buch?

Mein erstes Gedicht entstand durch eine Aufgabe in der Schule. Es hat mir Spaß gemacht, meine Gedanken in einem Gedicht festzuhalten, aber ich habe zunächst nicht weiter darüber nachgedacht.
Nach ungefähr einem Jahr hatte ich wieder eine Idee für ein Gedicht und es wurden immer mehr. Bis ich dann zum Teil fast jede Woche eine neue Idee hatte. Diese Ideen sind aus Alltagssituationen entstanden. Ich selbst war nie verliebt, aber ich bin ein Mensch, dem alles immer sehr nahe geht, und der sich auch im Nachhinein noch viele Gedanken über längst vergangene Situationen macht.
Nachdem mein Opa erfuhr, dass ich gern Gedichte schreibe, kam er auf die Idee, diese in einem kleinen Buch festzuhalten. Er hat mir Ratschläge gegeben und mir geholfen, diesen Traum zu verwirklichen.
Ich zweifelte zwar manchmal, ob meine Gedichte den Leuten gefallen, aber das hat mich nicht aufgehalten. Sie müssen auch nicht jedem gefallen, obwohl ich mich freuen würde, wenn es doch so wäre.
Aber die Hauptsache ist, dass ich mich darüber freuen kann, ein kleines Buch geschrieben zu haben.

Clara Weide im Sommer 2017.

Allein

Allein zu sein ist nicht schön,
man muss die Welt so anders sehn.
Sieht viele Dinge gar nicht mehr
Und fühlt sich einsam und so leer.

Selbst unter Menschen ist es so,
wird seines Lebens nicht mehr froh
und fühlt sich ständig abgetrennt,
weil man einfach Niemand kennt.

Ist man irgendwo allein,
muss man doch nicht einsam sein,
wenn man dazu weiß,
ich hab ja einen Freundeskreis.

Zu sehn wie alle glücklich sind,
ist das, was ich noch schlimmer find.
Die haben alle ihren Spaß
Und ich bin traurig ohne Maß.

Einen Stich ins Herz versetzt es mir,
wenn ich dich sehe dann mit ihr.
Dann fühl ich mich so sehr allein,
kann niemals wieder glücklich sein.

Da ich stets die Tapf´re spiele,
sieht keiner richtig, was ich fühle.
Erst wenn ich in meinem Zimmer bin,
lass ich raus, was in mir drin.

Das Ganze ist ein Teufelskreis,
es hilft mir nicht, dass ich das weiß.
Wer allein ist schließt sich selber aus,
aus der Gesellschaft ist man bald heraus.

Bist du allein die ganze Zeit,
verliert sich auch die Fröhlichkeit.
In deinem Gesicht ist es geschrieben,
dass du stets allein geblieben.

Mit diesem Gedicht erhielt Clara beim Schreibwettbewerb des Autorennetzwerk-Ortenau-Elsass 2017, zum Thema allein, den 2. Preis in der Kategorie Lyrik.

Vergessen

Bevor wir vergessen, müssen wir versteh'n.
Doch es ist nicht leicht, die Wahrheit oft zu
sehn.
Ein Augenblick, und das Vertrauen ist
gebrochen.
Es wieder aufzubauen, dauert viele Wochen.

Ist die Enttäuschung besonders schwer,
sie zu vergessen noch viel mehr.
Zu viel Trauer und auch Schmerz,
Zerstören auch ein großes Herz.

Ich habe dir geglaubt,
ich habe dir vertraut,
ich habe dir vergeben
und jetzt stehe ich im Regen.

Von einer Verletzung, wenn sie schlimmer,
bleibt eine Narbe stets für immer.
Auch wenn sie langsam einst verblasst,
Weißt du, dass du sie für immer hast.

Träume

Ich möchte bei den Leuten sein,
die mich verstehen, und was ich mein.
Die mich beachten wie ich bin,
sonst macht so vieles keinen Sinn.

Ich möchte in die Ferne sehen;
Nicht nur auf einem Flecken stehen.
Zurückblicken schadet trotzdem nicht;
Man hat dann besser Übersicht

Ich möchte so sein, dass Alle mich nur lieben,
doch dieser Wunsch ist sicher übertrieben.
Also bleib ich wie ich bin,
Ansonsten macht es keinen Sinn.

Ich möchte die Welt erkunden;
Mit Schiffen drehen meine Runden.
Durch Täler gehen, auf Berge steigen;
Das würde mir viel Freude bereiten.

Ich möchte träumen, so viel ich will,
so ganz allein und in der Still;
In meinem Zimmer könnt es sein;
Oder irgendwo ganz allein.

Leben

Das Leben hat sehr viele Seiten.
Lass dich von deinem Herzen leiten.
Mal geht's Berg auf und dann Bergab;
Das Leben hält dich stets auf Trapp.

Unsere Gefühle spielen verrückt,
und manchmal sind wir sehr entzückt.
Der eine Tag der schwierig ist,
den man am besten schnell vergisst.

Das Leben schenkt dir auch mal Glück.
Manchmal nur ein kleines Stück.
Es meint es trotzdem gut mit dir,
sonst wärst du wohl jetzt nicht mehr hier.

Genieß das Leben, hab viel Spaß.
Gib deiner Fantasie ein großes Maß.
Bereite dir dein Leben neu;
Bleib jedoch dir immer treu.

Wünsche

Manchmal wünschte ich, ich könnte fliegen,
um meine Probleme zu besiegen.
Die Arme einfach auszubreiten
Und in den Himmel hoch zu gleiten.

Manchmal wünschte ich es gebe Frieden;
Denn was bringt es, sich zu bekriegen?
Einfach mal nur glücklich sein,
ohne Not, Krieg und Pein.

Manchmal wünschte ich, die Zeit blieb stehen
und würde nicht im Winde verwehen.
Dann könnte ich den Augenblick genießen,
und er würde nicht so schnell verfließen.

Manchmal wünschte ich, ich wäre reich.
Ganz genau wie solch ein Scheich.
Doch Geld allein bringt auch kein Glück;
Vergangenes bringt´s nicht zurück.

Nicht aufgeben

Aufgeben ist nie eine Option,
denn dafür bekommt man keinen Lohn.
Will man auf Wolken des Erfolges schweben,
muss man auch alles dafür geben.

Man weiß nur wirklich was man kann,
strebt man seine Ziele an.
Auch nach Niederlagen nicht verzagen
Und es stets aufs Neue wagen.

Der Erfolg hat viele Seiten,
dafür Grenzen überschreiten.
Für Ziele immer alles geben,
das bringt Erfolge dann im Leben.

Was wäre ich ohne euch?

Ich tue als wäre alles in Ordnung,
auch wenn ich innerlich zerbrich.
Das alles ist nur eine Tarnung,
damit Niemand sieht wie es wirklich ist.

Ich sage, dass es mir gut geht,
doch am liebsten würde ich weinen.
Nur ich weiß, wie es um mich steht;
wie gerne würde ich jetzt schreien!

Ich verdränge den ganzen Schmerz,
damit Niemand sieht, wie es mir geht.
Doch darunter leidet mein Herz;
Die Gefahr, dass es zerreißt besteht.

Ich muss alles irgendwie loswerden!
Dieses Gefühl zerstört mich noch!
Das Gefühl innerlich zu sterben.
Es geht nicht mehr lange, bis alles überkocht.

Kurz bevor man denkt, dass es das war,
bevor alles hoch kommt und überkocht,
dann sind diese Menschen für mich da
und helfen mir raus aus diesem Loch.

Ohne diese Menschen wäre ich verloren,

doch sie zeigen immer aufs Neue,
sie sind meine Freunde geworden,
und beweisen mir immer ihre Treue.

Ohne Dich

Ohne Dich kann ich nicht mehr,
ohne dich, mein Herz ist leer.
Ohne dich ist Leben schwer;
Verlassen zu werden, ist nicht fair.

Ohne dich gibt nichts mehr Sinn;
ohne dich, die Welt ist schlimm.
Ohne dich, ich glaub ich spinn
Und finde keinen Neubeginn.

Ohne dich macht nichts mehr Spaß;
Ohne dich fehlt mir der Kompass.
Ohne dich ist alles anders,
du machtest meine Welt besonders.

Ohne dich ist nichts wie's war;
Ohne dich ist's sonderbar.
Ohne Dich ist nichts mehr klar;
Das Leben wird fast undenkbar.

Ohne Sinn

Ich hatte einen perfekten Plan,
doch du warfst mich aus der Bahn.
Nichts gibt jetzt noch einen Sinn,
weil ich nicht mehr glücklich bin

Du hast meine ganze Welt zerstört.
Das find ich wirklich unerhört.
Mir fehlt so viel im Augenblick;
Wer gibt mir mein Leben jetzt zurück.

Du hast mein Herz gestohlen,
ich kann es nicht mir wieder holen.
Trotz allem kann ich nicht vergessen,
sondern vermisse dich stattdessen.

Wissen

Wenn ich nur wüsste, was in dir vorgeht,
dann wüsste ich längst, was dir vorschwebt.
Dann wäre ich sicher, ob du mich magst,
und wüsste, ob du auch meinst, was du sagst.

Wenn ich nur wüsste, was du denkst,
dann wüsste ich auch wohin du längst.
Dann wüsste ich, ob du zu mir stehst
Oder lieber mit einer Anderen gehst.

Könnt ich die helfen, würd ich nicht ruh´n
Und es schon sehr lange tun.
An deiner Seite würde ich immer sein.
Ich wäre für immer und ewig nur dein.

Wir

Wir kennen uns erst kurze Zeit
Und mir ist heut schon klar,
als wär es eine Ewigkeit.
Die Zeit mit dir ist wunderbar.

Mit dir vergeht die Zeit so schnell,
denn du bringst mich so oft zum Lachen.
Zusammen leuchten wir sehr hell,
egal was wir auch immer machen.

Verletzt man dich,
dann tut's mir weh,
es trifft auch mich,
weil ich dich so gut versteh.

Auch wenn wir uns mal streiten,
wir können uns nicht böse sein.
Können Wunden nicht bereiten,
und uns immer bald verzeihn.

Ich hoffe, unsre Liebe bleibt erhalten
Und nichts stellt sich in unsren Weg.
Nichts wird dabei uns jemals spalten,
denn unsre Liebe ewig lebt.

Ich und Du

Ich bin immer für dich da,
merke dir das ewig, ja!
Ich werd immer bei dir sein,
denk daran, ich lasse dich niemals mehr allein.

Wenn dich was drückt, so komm zu mir.
Du weißt, ich helfe immer dir.
Richte einen Platz in deinem Herzen ein,
dann kann ich immer bei dir sein.

Natürlich zähl ich auch auf dich,
denn ohne dich gibt's auch kein mich.
Dass du bist auch du für mich stets da,
das wünsche ich mir, sehr sogar.

Dein Lachen will ich Dir erhalten,
und dein Leben so gestalten,
dass du immer fröhlich bist,
das ist es, was mir wichtig ist.

Meine Freunde

Was soll ich sagen, ihr seid toll.
Unsere Freundschaft ist mir wertvoll.
Ihr seid ehrlich und für mich da;
Ich bin euch wirklich sehr dankbar.

Egal wie es mir gerade geht,
es gibt etwas, dass fest steht,
Ihr bringt mich immer wieder dann zum
Strahlen.
Das kann ich nicht mit Geld bezahlen.

Ganz egal, was auch geschehen mag,
ich bin bei euch jeden Tag.
Wenn ihr was braucht, so meldet euch nur,
ich bin bei euch da rund um die Uhr.

Am schönsten ist's, wenn euch gut geht
Und euer Leben aus Hoffnung besteht.
Auch dann möchte ich bei euch sein,
denn ich lass euch niemals mehr allein.

Ich habe euch wirklich lieb,
das ist der Grund, warum ich dies schrieb.
Sehr, sehr viel bedeutet ihr mir.
Für immer Freunde bleiben wir.

Danke

Ich wollte dir nur mal Danke sagen,
du hilfst mir stets bei allen Fragen.
Dafür danke ich dir sehr,
denn ohne dich wär's wirklich schwer.

Du baust mich immer wieder auf,
willst, dass ich mich zusammen rauf.
Du sagst mir, dass ich's besser kann,
ganz egal, wo und wann.

Du gibst mir immer wieder Mut.
Ich sage dir, das tut gut.
Dank dir hab ich Ziele, die ich erstrebe,
und für die ich auch noch gerne lebe.

Ich bleibe!

Ich will hier nicht weg,
will für immer hier bleiben.
Selbst wenn ich mich versteck,
ich werde es euch zeigen.
Könnt mich nicht überreden.
Ich werde nicht gehen!
Könnt mich nicht dazu bewegen,
da könnt ihr betteln und flehen.

Warum sollte ich neu anfangen?
So wie jetzt ist es doch gut.
Will nicht darum bangen,
was mir wohl besser tut.
Hier die Menschen nicht verlassen,
die ich nicht verlassen will.
Mit mir ist nicht zu spaßen.
Doch seid jetzt endlich still.

Hört einfach auf zu reden,
das hat doch keinen Sinn.
Lasst uns den Kontakt noch pflegen,
bis wir eines Tages nicht mehr sind.
Sicher seid ihr mir sehr wichtig,
und ihr werdet mir fehlen,
doch es wäre nicht richtig,
für euch von hier zu gehen.

Entschuldigung

Ich weiß, ich hab mich falsch verhalten.
Hätt ich es nur für mich behalten.
Doch ich musste es einfach wagen
Und dir die ganze Wahrheit sagen.

Es ist verständlich, du bist sauer.
Das erfüllt mein Herz mit Trauer.
Ich hoffe, du verzeihst mir bald,
Denn das Passierte lässt mich nicht kalt.

Jetzt weiß ich, was es damals war.
Erst jetzt ist mir das Ganze klar.
Niemals hätte ich gedacht,
was das alles mit dir macht.

Es tut mir wirklich sehr, sehr leid.
Ich hoff, du vergibst mir mit der Zeit.
Denn deine Freundschaft fehlt mir sehr,
weil ohne dich ist es so schwer.

Verzeih mir

Ich wollte dich nie verletzen,
Dich nicht ins Unrecht setzen.
Ich hatte es anders geplant,
habe das alles nie erahnt.

Ich wollte dich nicht belügen,
Ich wollte dich nicht betrügen.
Warum habe ich das getan?
Ich hatte einen ganz andren Plan.

Was passierte, bereue ich sehr.
Dass du verletzt bist noch viel mehr.
Ich würde alles dafür geben,
könnte ich's nochmal erleben.

Bitte verzeih mir was ich tat,
dann bleibt die Trauer mir erspart.
Mein Gewissen tut mich plagen.
Ich kann es fast nicht mehr ertragen.

Wut

Ich hab so viel auf dich gesetzt,
doch du hast mich nun sehr verletzt.
Du hast mich einfach mal versetzt.
Ich hab dich anders eingeschätzt.

Ich dachte, du wärst für mich für immer da,
denn du warst mir so herrlich nah.
Doch nun ist mir auf einmal klar,
dass alles war ja gar nicht wahr.

Ich dachte, alles wäre gut,
Doch dir fehlte einfach der Mut.
Aber jetzt liegt bei mir die Wut,
Verlassen sein, das tut nicht gut.

Du vergisst, ich vermiss

Ich wünschte, du wärst für mich da,
so wie ich es für dich auch immer war.
Ich brauche dich jetzt mehr denn je.
Du bist nicht da, das tut mir weh.

Als du mich brauchtest, war ich bei Dir.
Jetzt brauch ich dich, doch du bist nicht hier.
Was du versprichst, das hältst du nicht,
das ist es, was mein Herz zerbricht.

Jetzt wo's dir gut geht, vergisst du mich.
Doch vergessen kann ich dich nicht.
Denn ich hab ein großes Herz,
das vor Enttäuschung jetzt sehr schmerzt.

Mein wichtigster Mensch

Von Osten nach Westen, von Süden nach
Norden,
Bist du mir wirklich wichtig geworden.
Dich zu verlieren wäre schlimm;
Mein Leben hätte keinen Sinn.

Den ganzen Tag denk ich an dich
Und hoffe, du denkst auch an mich.
Wünsche mir, dass wir uns sehn;
Das wäre wirklich wunderschön.

Eine einzige Nachricht nur von Dir,
verändert alles stets in mir.
Ich hoffe immer, dass du mir schreibst;
Vor allem aber, dass du bei mir bleibst.

Du

Ich lebte in einer anderen Welt,
die hast du auf den Kopf gestellt.
Ich denke ständig nur an dich,
denn du veränderst völlig mich.

Ganz egal was ich auch tu,
an was ich denke, das bist du.
Zusammen sind wir ohne Maß,
haben ständig sehr viel Spaß.

Für mich bist du die ganze Welt,
alles was mich zufrieden stellt.
Egal was auch passieren mag,
du bist bei mir jeden Tag.

Ohne dich, die Welt wär schief,
würde fallen unendlich tief.
Du bist es, der mich oben hält
Und mir zeigt, wie schön die Welt.

Ein Blick

Ein Blick von dir, und mein Herz bleibt stehen.
Es ist so schön, dein Lachen zu sehen.
Du bist meines Herzens Sieger
und verzauberst mich immer wieder.

Du bist einfach wunderbar.
Das wusste ich, als ich dich sah.
Dass mich mein Schicksal zu dir führte,
war das Beste was passierte.

Nichts kann ich mehr ohne dich,
so steht es nun bereits um mich.
Du bist für mich die Galaxie.
Dich verlieren will ich nie.

Was ist besser…?

Verliere ich alles, wäre das schade?
Das ist es, worauf ich keine Antwort habe.
Oder wäre ich dann endlich befreit
Von ewiger Trauer und ewigem Leid?

Bis heute hatte ich nicht den Mut,
das zu tun was mir tut gut.
Wenn ich es schaffe irgendwann,
dann wäre ich deutlich besser dran.

Wäre ich traurig oder fröhlich dabei
Oder endlich wieder frei?
Bin ich zu diesem Schritt schon bereit;
oder löst sich das alles mit der Zeit?

Ich weiß nicht, wie es weiter geht.
Ich weiß nur, dass eines nun feststeht.
So wie es ist, kann es nicht bleiben,
es sei denn, ich will für immer leiden.

Unsichtbar

Ich bin für dich jetzt unsichtbar.
Das ist mir inzwischen klar.
Wenn sie dabei ist noch viel mehr,
denn ich weiß, du magst sie sehr.

Ist sie da, bin ich Luft für dich.
Das ist, was mein Herz zerbricht.
Wie damals mich, siehst du sie jetzt an.
Das ist es, was ich nicht ertragen kann.

Ich hasse sie für all das sehr,
doch dich hasse ich noch viel mehr,
denn im Gegensatz zu dir,
weiß sie das alles nicht von mir.

Ich möchte, dass du glücklich bist.
Auch wenn´s dein Glück mit ihr jetzt ist.
Dann soll's so sein, das sag ich mir.
und nehme Abschied nun von Dir.

Mein Herz

Die Tür zu meinem Herzen stand dir offen.
Doch du hast sie jetzt verschlossen.
Jetzt bin ich so tief verletzt,
denn ich habe dich zu sehr geschätzt.

Nochmal verletzt will ich nicht werden.
Mein Herz besteht schon jetzt aus Scherben.
In viele Teile ist´s zersprungen,
es wieder zu heilen, ist nicht gelungen.

Ich habe versucht, dich zu vergessen.
Das hat mich aber nur zerfressen.
Das alles verletzt mich sehr.
Dich zu vergessen fällt mir schwer.

Leer

Meine Augen sind offen,
aber ich kann nichts sehen.
Egal wie schnell ich laufe,
bleib auf der Stelle stehen.

Ich muss es endlich nun verstehen,
dass du bis jetzt Vergangenheit.
Bitte lass mich endlich gehen,
damit ich dann von Dir befreit.

Auch wenn ich Dich jetzt sehr vermiss
darf ich dir nicht mehr schreiben.
Weiß, dass ich dich niemals vergiss,
denn du wirst für immer bleiben.

Will nicht an dich denken,
doch ich schaff es nicht.
Mein Leben würde ich verschenken,
weil es so schwer im Herzen sticht.

Ich fühle mich so leer,
wenn du nicht bei mir bist.
Das Leben fällt so schwer,
weil alles anders ist.

„Ist egal", hab ich gesagt.

Doch jetzt sitz ich hier mit Tränen in den
Augen.
Doch ich hab es nicht gewagt,
denn die Wahrheit würdest du nicht glauben.

Ich will dir einfach alles sagen,
mich von dieser Last befreien.
Ich muss es endlich wagen.
Doch wirst du mir jemals verzeihen?

Du hörst mir überhaupt nicht zu,
warum sollte ich es dann versuchen.
Doch alles woran ich denke, das bist du.
Ich könnt mich selbst deshalb verfluchen.

Du verstehst nicht was ich meine.
Ich versteh es selber nicht.
Das ist es, worüber ich nun weine,
weil es mir das Herz zerbricht.

Was soll ich jetzt nur machen?
So geht es nicht mehr weiter.
Sonst kann ich nicht mehr lachen;
am schlechten Gewissen werde ich scheitern.

Das war´s?!?

Ich schau dich nicht an und red nicht mit dir,
weil ich mich sonst in deinen Augen verlier.
Ich ignoriere und achte nicht auf dich.
Nach all dem erklärt sich das von sich.

Du willst mit mir reden, doch ich höre nicht
darauf.
Damals habe ich dich bestaunt,
doch jetzt will ich nur noch Abstand von dir.
Ja, sehr weh getan hast du mir.

Du hast mich verletzt, dafür hasse ich dich.
doch trotzdem, vergessen kann ich dich nicht.
Ein Teil meines Herzens ist immer noch bei dir,
wann gehört es endlich wieder mir?

Ach wäre es anders nur gekommen,
und ich hätte dich für mich gewonnen.
Das Drama wäre mir erspart,
doch ich habe nun mal versagt.

Ich darf mich nicht beschweren,
darf nicht eifersüchtig werden,
wenn ihr etwas zusammen macht,
und gemeinsam Stunden lang lacht.

Geh mir einfach aus den Augen;
ich will dir einfach nicht mehr glauben.
Verstehst du nicht, es fällt mir schwer,
aber ich habe keine Kraft mehr.

Früher hast du mir Kraft gegeben,
gabst mir das Gefühl, als würde ich schweben,
doch fallen lässt du mich jetzt,
denn du hast mich sehr verletzt.

Als ich damals an dich dachte,
war es, was mich zum Strahlen brachte.
Doch wenn ich heute an dich denke,
bist du der Grund, warum ich meine Blicke
senke.

Diese Leere tief in mir,
verdanke ich ganz alleine dir.
Was kann ich nur dagegen machen?
Ohne dich kann ich nicht lachen.

Das alles wäre nie passiert,
hätte ich mich nicht in dir geirrt.
Auch wenn es schmerzt, ich habe mich
entschieden;
Jeder Kontakt wird vermieden!